HOMELIE XXIX.

POUR LE VINGT DEUX^{ME}.

DIMANCHE

D'APRÉS LA PENTECÔTE,

SUR LES CONSULTATIONS HUMAINES.

Par M. le Curé de S. Sulpice de Paris.

A PARIS,
Chez RAYMOND MAZIERES, ruë S. Jacques, prés la ruë de la Parcheminerie, à la Providence.

M. DCCIX.

TEXTE DU SAINT EVANGILE

SELON SAINT MATTHIEU.

EN ce temps-là : les Pharisiens allerent tenir conseil, pour sçavoir comment ils surprendroient Jesus en quelqu'une de ses paroles; & ils luy envoyerent de leurs Disciples, avec des Herodiens, qui luy dirent : Maistre, nous sçavons que vous estes veritable, & que vous enseignez en verité la voye de Dieu, sans vous soucier de qui que ce soit : car vous n'avez pas égard à la qualité des hommes. Dites-nous donc ce que vous pensez : est-il permis, ou non, de payer le tribut à Cesar ? Mais Jesus connoissant leur malice : Hypocrites, leur dit-il, pourquoy me tentez-vous ? montrez-moy la monnoye du tribut; & ils luy montrerent un denier. Jesus leur dit : de qui eſt cette image , & cette inſcription ? elle eſt, luy dirent-ils, de Ceſar. Alors il leur dit : rendez donc à Ceſar ce qui eſt à Ceſar, & à Dieu ce qui eſt à Dieu. *Matth. chap.* 22. *v.* 15.

Le meſme Evangile eſt raporté dans ſaint Marc 12. 12. Dans ſaint Luc 20. 20. En on a mis les circonſtances & les expreſſions diferentes dans l'Homelie.

HOMELIE SUR LES CONSULTATIONS HUMAINES.

S'IL se trouve des gens, dit saint Augustin, qui veulient tromper, il ne s'en trouve point qui veulient estre trompez, ni qui veulient porter la confusion, ou de s'estre laissé tromper par d'autres, ou de s'estre trompez eux-mêmes : tant l'amour de la verité se trouve profondément gravé dans le cœur de l'homme : Que si l'on en voit qui haïssent la verité, c'est parce qu'ils voudroient, ou que l'erreur qu'ils aiment fût la verité, ou que la verité ne condamnât pas l'erreur qu'ils aiment ; ou enfin que la verité en se faisant connoistre telle qu'elle est, ne les fit pas connoistre tels qu'ils sont, c'est-

à-dire, trompeurs ou trompez, méchans ou ignorans:
c. 10. 23. *amant eam cum se ipsa indicat, & oderunt eam cum eos ipsos
indicat*, ou comme s'exprime saint Clement d'Alexan-
Strom. 5. drie: *hoc quod amant volunt esse veritatem*. Mais tous ces
détours sont vains; car il arrive par l'ordre invaria-
ble de la providence, & qu'ils ne connoissent jamais
la verité, & que la verité les fait toûjours connoître:
S. Aug. ibi. *& eos nolentes manifestat, & eis ipsa non fit manifesta*. Tels
sont les circuits obscurs & pénibles de l'esprit humain,
& les infinies tenebres dont l'orgueil des enfans d'A-
c. 8. 9. dem est fatigué & puny: *latebræ pœnarum hominum, &
& 48. tenebrosissimæ contritiones filiorum Adam*: & ainsi qu'il ajoû-
te ailleurs: *Quod volumus sanctum est*. Pour éviter ces égaremens, le Createur nous a laissé dans le fonds de notre
estre une secrette défiance de nos propres lumieres,
laquelle malgré notre orgueil, qui voudroit ne devoir rien à personne, mais qui craint de tomber dans
la confusion s'il n'emprunte l'apuy de quelqu'un,
porte à chercher dans autruy, ce qu'on craint de ne
pas trouver en soy. D'ailleurs chacun sçait les fausses
& continuelles démarches où l'on s'engage pour suivre son propre esprit, & ne prendre avis de personne;
qu'il est fâcheux de s'instruire à ses dépens; que l'experience des autres nous éclaire & nous forme; que
l'amour propre nous aveugle; que plusieurs yeux dé-
couvrent souvent ce qu'un seul n'apperçoit pas; qu'on
se repent toûjours d'avoir agi par precipitation & par
humeur, par hauteur & par emportement, sans suivre
d'autre regle que celle de sa propre volonté, toûjours
fausse, si elle n'est conforme à la raison; toûjours éga-
rée si elle ne marche aprés elle, & par consequent qu'on

a besoin de recourir au conseil. Ne suivez donc point ni votre volonté propre, parce qu'elle est dépravée, ni celle du monde, parce qu'elle est vaine; ni celle du demon, parce qu'elle est injuste; ni celle de la chair, parce qu'elle est impure : mais uniquement celle de Dieu, parce qu'elle est droite & sainte: ne vous promettez rien de votre prudence, de peur que vous n'en éprouviez l'incertitude & la foiblesse : *ne innitaris prudentiæ tuæ*; ne presumez point de votre habileté, de peur que vous n'en soyez plûtost ébloüi qu'éclairé, *ne sis sapiens apud temetipsum*; n'affectez point de paroistre sage devant le Roy, de peur de faire ombre à son autorité, & de mettre au jour votre vanité : *penes Regem noli velle videri sapiens* : ne faites rien qu'aprés une meure deliberation, de peur de vous repentir de votre precipitation : *sine consilio nihil agas, & post factum non pœnitebit* : consultez les sages que le Seigneur a préposez dans son Eglise : car si les sept dons du saint Esprit se trouvent rarement tous, du moins dans un grand degré, en un mesme sujet; ils se trouvent souvent dispersez dans une assemblée de plusieurs gens de bien : enfin, plus on est judicieux, plus examine-t-on ses propres vûës, moins neglige-t-on celles d'autruy; plus honore-t-on les personnes sensées, plus fait-on cas de leurs sentimens : quelle indignité quand on les méprise, & qu'on juge de la bonté d'un conseil, non par rapport à ce qu'il est en luy même, mais par rapport à l'autorité de celuy qui le donne! Le riche arrogant a parlé inconsiderement, dit l'Ecriture, & tout le monde luy a applaudy : *Locutus est superba, & justificaverunt illum* : l'homme pauvre & modeste a

Prov. 3. 5. — Prov. 3. 7. — Ecc. 7. 5. — Prov. 11. 4. — Eccli. 13. 26.

parlé senſément, & on ne l'a pas ſeulement écouté: *Locutus eſt ſenſatè, & non eſt datus ei locus.* J'ai éprouvé, dit Salomon, que la ſageſſe eſt un des plus puiſſans remedes contre l'infortune, & j'en ay un exemple memorable que voicy: Une place petite en ſon circuit, foible en ſes remparts, & défenduë par peu de gens, fut attaquée par un Roy puiſſant & belliqueux; il la bloqua de tous côtez; il fit une circonvallation accompagnée de pluſieurs forts, & acheva d'en former le ſiege. La perte de cette place fut jugée inevitable par tout le monde, à cauſe de ſa foibleſſe, & de la force d'un ennemy ſi redoutable: *Civitas parva, & pauci in ea viri: venit contra eam Rex magnus, & vallavit eam, extruxitque munitiones per gyrum, & perfecta eſt obſidio.* Mais dans l'enceinte de cette miſerable ville, il ſe rencontra un homme peu favoriſé de la fortune, mais grand Capitaine, & doüé d'une ſageſſe plus qu'ordinaire: il entreprit de la delivrer; & par ſa conduite & par ſon adreſſe, il fit lever le ſiege à l'ennemy, & executa ſeul, avec le ſecours de ſa prudence, ce qu'une grande armée n'eut peut-eſtre pas fait avec celuy de ſes armes: Cette action ſi heroïque, au lieu de la reconnoiſſance qu'elle meritoit, ne fut payée que d'ingratitude & d'oubly: *Inventuſque eſt in ea vir pauper & ſapiens, & liberavit urbem per ſapientiam ſuam, & nullus deinceps recordatus eſt hominis illius pauperis.* Cela me fit admirer les avantages que la ſageſſe a par deſſus la force: mais je me ſuis étonné qu'aprés un évenement ſi digne de loüanges, la pauvreté ait pû faire mepriſer la ſageſſe, lorſqu'elles ſe ſont rencontrées en un meſme ſujet: *& dicebam ego, melio-*

Eccle. 9 14.

rem eſſe ſapientiam fortitudine: quomodo ergo ſapientia pauperis contempta eſt, & verba ejus non ſunt audita? Les paroles des hommes ſages doivent eſtre écoutées avec plus d'attention & de reſpect que celles du chef d'une populace ignorante, qui n'a point de jugement, & qui ſe laiſſe ſeulement éblouïr par un vain éclat de grandeur : *Verba ſapientium audiuntur in ſilentio, pluſquam clamor principis inter ſtultos.* Combien cette maxime ſe verifia-t-elle alors, que le ſalut ſe trouve dans
le conſeil? *ſalus ubi multa conſilia:* & combien le ſaint *Prov.* 11.
Roy David animé de la grace de ſon onction ſacrée, 14.
eut-il raiſon à ſa mort de donner à ſon fils Salomon comme un precieux ſommaire de toutes les inſtructions les plus importantes, & les plus utiles pour l'heureuſe adminiſtration de ſon Royaume, qu'il prît garde à tout ce qu'il feroit; qu'il ſe conduisît en toutes choſes ſagement; qu'il conformât toutes ſes deliberations à la Loy de Dieu, ſource de toute ſageſſe; qu'il ne fît rien ſans raiſon, & ſans y avoir bien penſé, s'il vouloit voir couronner ſes entrepriſes d'un favorable ſuccés, & attirer ſur luy la benediction du Seigneur:
ut intelligas univerſa quæ facis, & quocumque te verteris: 3. *Reg.* 2. 3.
ut confirmet Dominus ſermones ſuos. Tel fut le dernier avis de ce grand Roy qui ſçavoit par une longue experience, que la Religion, & la Sageſſe étoient le plus ſolide affermiſſement des Trônes, & le nœud le plus ſerré de l'attachement des ſujets à leurs Souverains : ſon fils inſtruit en une ſi bonne échole, regna heureuſement tandis qu'il ſe conforma à ces preceptes, & tous ſes malheurs ne vinrent que pour les avoir abandonnez : infiniment coupable d'avoir con-

nu plus que tout autre ces grandes maximes, & de s'en eſtre écarté. Evitons ſon malheur, & profitons de la doctrine qu'il nous a laiſſée dans ſes écrits lorſqu'il étoit encore rempli de ces belles lumieres : l'orgueil, diſoit il, eſt une ſource continuelle de diviſions, & de querelles, les preſomptueux ne voulant jamais deferer au ſentiment d'autruy, & deffendant le leur avec une opiniâtreté qui reſiſte même à la raiſon : mais parmy les ſages, la modeſtie qui leur donne de la deffiance d'eux-mêmes, & de la deference pour les conſeils des autres, établit entr'eux la paix, & y entretient l'union ; *inter ſuperbos ſemper ſurgia ſunt : qui autem agunt omnia cum conſilio, reguntur ſapientia.* (Prov. 13. 10.) L'homme aviſé, ajoûte-t-il, ſe deffie de ſes propres lumieres, & ne neglige aucun avis qui puiſſe éclairer ſa conduite : *aſtutus omnia agit cum conſilio :* (ibid. 16.) mais le preſomptueux ſe livre ſans reflexion à ſon propre ſens, & fait remarquer l'imprudence de ſon eſprit dans le derangement de ſes actions : *qui autem fatuus eſt aperit ſtultitiam.*

Que ſi Salomon & les Rois ſes ſucceſſeurs renverſerent le Royaume d'Iſraël, ce fut ſans doute pour s'être éloignez de ces maximes, auſſi ſages, que ſaintes, ainſi que leur hiſtoire en fait foy ; & l'on peut dire que les Juifs detruiſirent leur Religion & leur Nation pour les avoir imitez en cela. L'aveuglement s'empara peu à peu de leur eſprit : nous liſons dans l'Evangile qu'ils tinrent trois celebres conſeils au ſujet de Jeſus-Chriſt : le premier fut pour examiner où devoit naître le Meſſie ; ils ne cherchoient alors qu'à trouver la verité, aucune paſſion n'avoit part en leur deliberation; aussi répondirent-ils conformement à l'Ecriture, que le Messie naîtroit en Bethleem; dans le second l'esprit de Dieu commença de se retirer d'eux, ils consulterent quel parti ils devoient prendre au sujet de Jesus-Christ, & ils jugerent qu'il valoit mieux faire mourir un innocent, que de laisser perir tout le peuple: en quoy il parut encore quelque etincelle, quoy qu'envelopée de l'esprit prophetique, au travers même de leurs mauvaises intentions; mais enfin il s'obscurcit entierement dans le troisieme où ils resolurent de commettre cet horrible deïcide.

Tel fut l'effet de leurs deliberations, où l'envie, la jalousie, la haine, l'injustice, & l'impieté presiderent. Nous voyons un échantillon de ce mauvais esprit dans l'Evangile d'aujourd'huy, où consultant le Sauveur sur un cas de conscience, & sur une difficulté celebre en ce temps-là, ils se montrerent tels qu'ils étoient: plaise à Dieu, que bien des Chrétiens s'y voyans tels qu'ils sont, demandent à Dieu de n'estre pas ce que les Juifs sont devenus.

PREMIERE CONSIDERATION.

Il n'est pas aisé de comprendre ni d'expliquer les égaremens infinis où s'engagent les prudens du siecle, mesme les plus habiles, lors que dans leurs entreprises, ils ne suivent que leurs passions, qui les trompent ordinairement, & qui les punissent toûjours; car ou ils agissent avec impetuosité, violence, emportement, ce qui ne manque pas d'avoir des suites également imprevües, & contraires à leurs propres desseins; ou ils deliberent des moyens qu'ils prendront pour en venir à bout, mais c'est toûjours en dissimulant l'injustice de leurs pretentions, les couvrant de divers pretextes, cachant les difficultez qu'ils y entrevoyent, & imposant ainsi, & à eux-mesmes, & à ceux qu'ils consultent, sans jamais exposer de bonne foy le cas dont il s'agit, sans écouter les secrets reproches de leur conscience qui seule souvent suffiroit pour leur ouvrir les yeux; sans desirer sincerement de connoître la verité pour la suivre, laquelle cependant se manifeste tôt ou tard malgré eux & les confond. Ainsi les Princes des Prestres & les Anciens assemblez en Conciles, crurent cacher la resurrection de Jesus-Christ en faisant dire aux soldats que pendant leur sommeil les Apostres avoient enlevé son corps. *Principes Sacerdotum congregati cum Senioribus consilio accepto pecuniam copiosam dederunt militibus dicentes, dicite, quia Discipuli ejus nocte venerunt & furati sunt eum nobis dormientibus.* Ne voyant pas qu'ils s'attiroient la risée de tous les siecles en produisant des témoins endormis; *dormientes testes adhibes.* La cause de cet aveuglement paroist dans la conduite des Pharisiens d'aujourd'huy.

Mat. 28. 12

Car, premierement ils consultent les Herodiens, c'est à dire, les plus méchans conseillers du monde, des novateurs, des sectaires, des phanatiques, qui pretendoient comme l'écrit saint Jerosme, & d'autres plus anciens Peres, que le Roy Herodes étoit le Christ promis de Dieu: *Herodiani, Herodem suscepere pro Christo.* Des interessez à la levée des imposts publics, de quoy il estoit question, & par consequent de tres-mauvais Juges, des gens également pleins d'envie & de haine contre

Adversus. Lucif. circa fin. P. 304.

le Sauveur ; d'autre côté, les Phariſiens eſtoient des orgueilleux, des hypocrites, des avares, des impies reſolus à quelque prix que ce fut de perdre Jeſus-Chriſt dont la doctrine & les exemples les décreditoient : tels eſtoient, & ceux qui conſultoient, & ceux qui étoient conſultez. Qu'elle bonne reſolution en attendre? Leurs pechez les privoient des lumieres de Dieu, leurs paſſions les privoient des lumieres de la raiſon, *Phariſæi, conſilium iniernunt cum Herodianis.* Dignes d'avoir été figurez par Abſalom ce fils ingrat & rebelle, qui voulant ravir la couronne & la vie à ſon Pere, aſſembla ſon conſeil composé de ſeditieux & de ſcelerats, pour examiner ce qu'il devoit faire, afin de ſoutenir ſes injuſtes 2. Reg. 16. 20.
pretentions : *Inite conſilium quid agere debeamus.* Mais quoy, c'eſtoit un méchant Prince, qui conſultoit de méchans conſeillers, pour ſoutenir une méchante cauſe, & pour venir à bout d'un méchant deſſein : les moyens les plus deteſtables leur parurent les meilleurs quelques infames qu'ils fuſſent, parce qu'ils leur parurent les plus ſurs : le Chef du Conſeil d'un Pere pieux devint tout d'un coup le Chef du conſeil d'un fils impie : miniſtre fertile en expediens bons ou mauvais ſelon la differente diſpoſition de ſes maiſtres, il fit voir combien les hommes ſans conſcience ſont pernicieux quand ils ſont habiles, mais combien leur propre malice leur eſt funeſte quand ils s'y abandonnent, puiſque tout le complot de celui-cy tourna à ſa confuſion & à ſa ruine, que la fin de cette mal-heureuſe conſpiration, quoi que ſi bien concertée par la prudence de la chair, retomba ſur la teſte de ce malheureux conſeiller, & que le lacet qu'il avoit voulu tendre à un in-

nocent, servit d'instrument à son supplice : *videns quod non fuißet factum consilium suum, abiit & suspendio interiit.* Image du desespoir de Judas frappé de l'horreur du crime qu'il avoit comploté avec les Juifs, cause veritablement de leur ruine commune. Tel est à proportion le succés de la pluspart des resolutions humaines : vous ne cherchez point la verité dans vos deliberations, vous ne consultez que des gens sans bonne foy, sans conscience, sans probité : toutes sortes de voyes vous sont bonnes, pourvû qu'elles servent à vos injustes desseins couverts de je ne sçay combien de pretextes specieux, n'attendez rien de bon de cette artifieuse conduite, vous pourrez d'abord avoir quelque succés, mais enfin vous tomberez dans la fosse que vous aurez creusée : un conseiller integre vous fait peur, & ses sages avis vous chagrinent: Vrays imitateurs des Juifs: ceux cy resolus de se deffaire de Jesus-Christ s'assemblent tumultuairement: ils envoyent sans differer leurs Satellites pour prendre le Sauveur & le livrer au supplice : un sage Israëlite les avertit de n'aller pas si viste, il leur remontre que la Loi déffend de faire mourir per-
Joan.7,51. sonne sans l'avoir auparavant entendu, *numquid lex nostra judicat hominem, nisi priùs audierit ab ipso & cognoverit?* Cela ne sert de rien, ils lui disent des injures, ils se levent & s'en vont, plus disposez que jamais de perdre un innocent & de suivre leur haine aveugle.

Combien Josaphat ce religieux Prince estoit-il éloigné de ce méchant esprit? Achab Roy d'Israël pretend estre en droit de faire la guerre au Roy de Syrie detenteur d'une Ville qu'il croit lui appartenir: ses conseillers toûjours complaiſans aux deſirs de leur maiſtre, ne manquent pas d'eſtre de ſon avis : *Dixitque Rex Iſraël ad ſervos ſuos, ignoratis quod noſtra ſit Ramoth-Galaat, & negligimus tollere eam de manu Regis Syriæ?* Joſaphat luy parle & le prie de chercher la volonté de Dieu: *Dixitque Joſaphat ad Regem Iſraël, quære, oro te, hodie ſermonem Domini.* Achab y acquieſce ; il conſulte le Seigneur pour ſçavoir s'il entreprendra cette guerre, & ſi l'iſſuë luy en ſera heureuſe : *congregavit ergo Rex Iſraël Prophetas, & ait ad eos, ire debeo in Ramoth-Galaat ad bellandum, an quieſcere?* mais il conſulte de ſeconds Conſeillers plus aveugles que les premiers, de faux Prophetes, qui luy répondent conformement à ſes deſirs, & qui l'aſſurent que le Seigneur luy donnera la victoire : *qui reſponderunt aſcende & dabit eam Dominus in manu Regis.* Mais Joſaphat ſe défiant d'une ſemblable conſultation, dit à Achab, n'y a-t-il point icy quelque Prophete du Seigneur, afin que nous l'interrogions par luy ? *non eſt hic Propheta Domini quiſpiam ut interrogemus eum?* Il y en a un, répondit Achab, par qui nous pouvons conſulter le Seigneur, mais je le haïs, à cauſe qu'il ne me prophetiſe que du mal, & non du bien : *ſed ego odi eum quia non prophetat mihi bonum ſed malum.* Quel étrange aveuglement ! Benadat ne ſonge pas à conſulter Dieu avant d'entreprendre la guerre ; il conſulte Dieu s'il la fera aprés avoir reſolu de la faire : il conſulte ceux qui flattent ſes deſirs : il perſecute ceux qui luy diſent la verité. Tels étoient les Juifs ſelon S. Auguſtin : Jeſus-Chriſt étonné leur demanda d'où vient qu'ils ne le croyoient pas ? puiſqu'il leur diſoit la verité : *ſi veritatem dico vobis quare non creditis mihi ?* qu'ils n'a-

3. Reg. 22. 3.

Joan. 8. 46.

voient aucune raiſon ni du coſté de ſa doctrine, ni du coſté de ſes mœurs, ni de ſa conduite autoriſée par d'infinis miracles, qui les obligeaſt à luy refuſer leur creance : mais helas ! c'étoit à cauſe de cela même qu'il leur diſoit la verité, qu'ils ne le croyoient pas : *quia veritatem dicis nobis.* Tant le dégouſt de la verité quelque utile qu'elle ſoit, tant l'amour du menſonge quelque nuiſible qu'il ſoit, ont infecté noſtre nature: tant le demon vray pere du menſonge, puiſqu'il ne l'a appris de perſonne, & qu'il en eſt le premier auteur, l'a inſpiré à nos premiers parens, & à nous par eux.

S. Aug. ib.

Mais où trouver cet homme de Dieu, ce Prophete fidele qui diſe la verité ? Achab avoit quatre cens faux Prophetes, & il n'en reſtoit qu'un du Seigneur: comment ne ſe pas tromper dans la multitude, & dans le melange des bons & des mauvais? *remanſit vir unus per quem poſſumus interrogare Dominum.* Cependant ſi nous le cherchons de bonne foy, nous n'aurons pas de peine à le demeſler : l'Ecriture nous en propoſe un moyen tres-ſeur, dans un exemple extremement inſtructif : autrefois dans Iſraël, liſons-nous au livre des Rois, chacun allant pour conſulter le Seigneur, diſoit: allons au voyant, *eamus ad videntem* : c'eſt-à-dire, allons au Prophete qui veritablement éclairé des lumieres de Dieu, nous revelera ſes volontez : Saül dans ce cas, & pour lors un ſimple particulier, voulant conſulter le Seigneur, trouva de jeunes filles qui ſortoient de la ville pour aller puiſer de l'eau, & s'addreſſant à elles, il leur demanda où eſtoit le Voyant, où eſtoit le Prophete qui donnoit des réponſes de la part de

1. Reg. 4. 9.

de Dieu? c'eſtoit pour lors Samuel, & elles luy répondirent, le voila qui va ſortir ſuivy du peuple pour offrir un ſacrifice à Dieu : allez, & vous pourrez le conſulter. Tout cecy eſt myſterieux, dit ſaint Gregoire : cet homme éclairé qui voit plus qu'un autre, & que le texte appelle Voyant, *Videns*, eſt celuy qui ſçavant dans la Loy du Seigneur, penetre l'interieur des choſes, & s'éleve au deſſus des vûës charnelles : *Videns, eſt qui interna etiam reſpicit, quæ mens carnalium non attendit.* Ceux qui vont conſulter, ſont les Fideles qui dans leurs doutes s'adreſſent au Seigneur en la perſonne de ſes Miniſtres, afin de ne rien faire contre la conſcience & le ſalut : *Dominum imus conſulere, quando ad eruditos prædicatores pergimus, ut ſalutis noſtræ conſilium inveniamus* : & la même raiſon qui doit les faire chercher ces guides clair-voyans, doit leur faire éviter les conducteurs aveugles : *ſi eundem eſt ad videntes, pariter eſt divertendum à cæcis* : Les vierges qui vont puiſer l'eau de la fontaine, ſont les ames brillantes par l'innocence conſervée, & embellies par les vertus acquiſes, qui ſçavent mieux que les autres où ſont les ſources pures de la ſaine doctrine, & de la morale Evangelique : *puellæ quæ aquam hauriunt, ſunt electæ animæ, integræ per innocentiam, decoræ per virtutum claritatem* : qui ſçavent quels ſont ces vrais Docteurs, ces Prophetes éclairez auſquels il faut s'adreſſer, qu'il faut conſulter, & dont les deciſions ſont à priſer & à ſuivre, *ab illis ergo quærendum eſt, ubi eſt videns?* car nul ne peut mieux nous apprendre où ſont ceux dont la ſublimité les approchant plus prés de Dieu, les rend plus voiſins de ſes lumieres, & plus ſçavans dans l'intelligence de ſa

Loy, que ces ames parfaites qui ſuivent de plus prés ces Sçavans guides : *quia locus perfectorum tunc bene cognoſcitur, cum ab eis nobis oſtenditur qui per profectum vitæ eorum converſationi vicini ſunt.*

Les Juifs d'aujourd'huy avoient ſans doute trouvé ce Docteur éclairé qui pouvoit plus que tout autre reſoudre leurs difficultez, mais ils le conſultent de mauvaiſe foy, ils le conſultent ſans aucun deſſein de s'inſtruire ni de ſuivre ſes reſolutions, ou plûtoſt ils ne le conſultent point du tout, ce ſont les Herodiens, & non Jeſus que les Phariſiens conſultent, c'eſt à dire, de méchans hommes qui complotent enſemble pour ſurprendre Jeſus-Chriſt s'ils peuvent, ſous pretexte de le conſulter, *Phariſæi conſilium inierunt cum Herodianis.* Combien de Chreſtiens imitent ces gens là dans leurs procez, dans leurs démêlez, dans leurs affaires? combien y en a-t-il qui pour parvenir à un bien qui ne leur appartient pas, détiennent, falſifient brûlent des Titres déciſifs contre eux, qui s'addreſſent à des Avocats ſans honneur, ſans probité, ſans religion, que le ſeul guain ſordide fait agir, & qui ne ſe font aucun ſcrupule de ſe charger de mauvaiſes cauſes? Tels ſont ceux qui conſultent aujourd'huy, & qui ſont conſultez; les uns & les autres paſſionnez, interreſſez, malins, frauduleux, en un mot ce ſont des Phariſiens, qui conſultent les Herodiens, comment ils feront pour perdre Jeſus-Chriſt, & pour trahir la juſtice & la verité. Ceux-cy croyent par une demande captieuſe le commettre entre la puiſſance temporelle & la puiſſance ſpirituelle : s'il diſoit qu'il falloit payer le tribut aux Romains, ils le rendroient oodieux aux Juifs ; s'il disoit qu'il falloit ne le pas payer, ils le rendroient coupable envers les Romains, *Licet dare censum Cæsari, an non dabimus?* mais suivant le sort des trompeurs, qui sont toûjours trompez, ils se prennent eux-même dans le piege qu'ils tendent : le Seigneur leur fait une réponse, qui renverse toutes leurs machines, qui les déconcerte, qui découvre leur malice, qui les instruit de leur devoir, qui les blâme de leur impieté, qui les oblige de se retirer avec honte : car tout cela est renfermé dans ce peu de paroles : Rendez à Cesar ce qui est à Cesar, & à Dieu ce qui est à Dieu ; *Mirati in responso ejus tacuerunt, & relicto eo abierunt.* Ils furent confondus, mais ils ne furent pas changez : Ainsi en arrive-t-il à ceux qui soutiennent avec malice & artifice de mauvaises causes, & le pécheur est toûjours puni par le peché qu'il a commis. Dieu avoit commandé à Saül de faire mourir tous les Amalecites ; malgré cet ordre il fit grace à plusieurs ; ce fut un Amalecite selon qu'il s'en vanta, qui le tua : Achab avoit reçû ordre de ne pardonner pas à Benadad Roy de Syrie, il desobeït, il luy laissa la vie, ce fut Banadad qui la luy ravit, Samson jetta des yeux de convoitise sur une femme, on les luy creva. Les Juifs resolurent de perdre Jesus-Christ, crainte de perdre leur Royaume temporel, ils perdirent & les biens spirituels ausquels ils ne songeoient pas, & les biens temporels que seuls ils envisageoient : *Temporalia perdere timuerunt, & vitam æternam non cogitaverunt, & sic utrumque amiserunt*, dit saint Augustin. *Tract. 49. in Joan.*

Le second deffaut qu'on peut remarquer dans les deliberations des Pharisiens, c'est qu'ils ne consultent jamais entr'eux sur l'injustice ou l'équité de la fin qu'ils se proposent : si ce qu'ils projettent est permis ou non : mais uniquement sur les moyens de parvenir à ce qu'ils pretendent, & à ce qu'ils ont déja resolu de faire à quelque prix que ce soit : ils consultent, non s'il est permis de faire mourir Jesus-Christ, c'est à quoy ils ne songent pas, mais comment ils feront pour faire mourir Jesus-Christ : *quomodo Jesum tenerent & occiderent*, s'ils se saisiront de lui en public ou en cachette ; s'ils le lapideront, ils prennent déja des pierres, ou s'ils le livreront aux Romains pour le crucifier, & plusieurs semblables choses dont l'Evangile fait mention : voila sur quoy rouloient leurs déliberations. Qu'il y a à craindre que bien des Chrétiens ne ressemblent aux Juifs en cela !

Combien d'Ecclesiastiques déliberent sur les moyens de parvenir à un benefice, & combien peu consultent s'ils sont capables de soutenir le poids de l'employ qu'ils desirent ! s'il est permis de briguer cette dignité, de la demander, de la solliciter : d'y entrer par des voyes défenduës, par des prêts d'argent, des services temporels, des rachats anticipez de pension, des presens, & d'autres pratiques semblables ? mais helas qu'ils tournent la chose comme il leur plaira, cette imprecation de saint Pierre à Simon le Magicien ne les laissera jamais en repos : *pecunia tua tecum sit in perditionem*

Combien de Laïques consultent par quels moyens ils pourront obtenir cette magistrature ; l'argent, les amis, le credit, rien n'est épargné pour venir à bout de leurs ambitieuses pretentions, cependant consultent-ils le plus essentiel ; s'ils ont les qualitez requises pour remplir avec honneur & sureté de conscience cette place importante, la science des loix, la probité, le desinteressement, la fermeté à l'épreuve des sollicitations, des amis, des parens, des puissances du siecle ; ces importantes reflexions les occupent tres-peu, & souvent presque point du tout. Mais quoiqu'ils fassent, cette parole du Sage les condamnera toûjours : ne cherchez point à devenir Juge, si vous n'avez la force de rompre l'iniquité, de peur qu'intimidé par la consideration des hommes puissans, vôtre integrité ne fasse un malheureux naufrage : *Noli quærere fieri Judex, nisi valeas virtute irrumpere iniquitates : ne forte extimescas faciem potentis & ponas scandalum in æquitate tua.* Eccli. 7. 6.

Combien de riches, convoiteux de s'agrandir en ce monde, consultent sur les moyens d'augmenter leurs possessions, d'acquerir ce palais, cette belle maison de campagne, ce riche heritage qui les accommode, cette terre qui est à leur bienseance ; mais combien peu consultent s'ils peuvent en conscience en dépoüiller le possesseur, rechercher ses dettes, les achetter, acquerir à vil prix, & se prevaloir de la pauvreté de leur frere ? combien peu écoutent cette parole du Prophete, malheur à vous qui joignez maison à maison : *væ vobis qui conjungitis domum ad domum* : malheur à vous qui unissez des terres à des terres pour agrandir vos possessions, *& agrum agro copulatis usque ad terminum loci.* Est ce que vous voulez habiter seuls sur la terre, & envahir le monde entier ? *numquid habitabitis vos soli in medio terræ...... dicit Dominus.* Isai. 5. 8.

Et afin de paſſer des intereſts particuliers aux affaires publiques, n'eſt-ce pas ainſi que pechent ſouvent les faux ſages du ſiecle, les Magiſtrats trop peu conſcientieux, & trop politiques dans le gouvernement des Etats, & des Empires, ils déliberent des moyens de faire la guerre, de conquerir des Villes & des Provinces; mais déliberent-ils ſi la guerre qu'ils entreprennent eſt juſte ou non?

Pharaon voyant les Iſraëlites ſe multiplier dans l'Egypte, parle à ſes Officiers, & leur dit: Vous voyez que ce peuple eſt devenu nombreux, & plus fort que nous, il eſt de la bonne politique de l'opprimer, de peur que s'il nous arrivoit quelque guerre, ces gens-là ne ſe joigniſſent à nos ennemis: *venite ſapienter op-*
Exo. 1. 10. *primamus eum.* Il commanda donc qu'on les accablât de travaux, & que les ſages-femmes tuaſſent tous les enfans maſles dont les femmes des Hebreux accoucheroient; puis par un ſecond decret il voulut qu'on les jettât dans la riviere. Le Prince à la teſte de ſon conſeil ne delibere point s'il eſt permis de détruire tout un peuple, & de faire perir un million d'innocens, pour ſe mettre à couvert d'un mal qu'il craint: il ne delibere que des moyens efficaces de parvenir à cette fin cruelle; il n'a en vûë que de pourvoir à ſa ſureté temporelle qui n'étoit pas même en peril: prévoyance auſſi vaine que préjudiciable; car ce fut le commencement de la deſtruction de ſes ſujets & de ſon Empire.

Nabuchodonoſor aſſemble ſon conſeil pour luy communiquer le deſſein qu'il a de ſoumettre toute la terre à ſa domination, à quoy tous applaudirent:

habuit cum eis mysterium consilii sui, ut omnem terram suo *Judith. 2.*
sub jugaret imperio, quod dictum cum placuisset omnibus. On 2.
n'examine point si la guerre qu'on va entreprendre est juste ou injuste, s'il est permis d'envahir des Royaumes ausquels on n'a point de droit, de ravager des Provinces, de brûler des Villes, de répandre le sang humain à torrens; tout cela n'est point consideré, on n'a d'autre but que de chercher les moyens de contenter son ambition, quelqu'incertain méme qu'en soit le succés, comme il parut dans la suite en celui-ci.

Jéroboam craint que ses sujets ne s'allienent de luy s'il leur permet d'aller en Jerusalem adorer le vray Dieu : pour l'empêcher il prend le conseil du
monde le plus impie, *excogitato consilio*: car aprés avoir *3. Reg. 12.*
beaucoup pensé & consulté, il fait enfin élever deux 2.
veaux d'or aux deux extremitez de son Royaume. On dresse des autels à ces fausses divinitez, on leur consacre des Prestres, on leur offre des victimes; il dit à ses peuples, voila les dieux qui vous ont délivrez de l'Egypte. Il ne consulte point s'il est permis de se conserver la Royauté par une telle apostasie, & d'entraîner ainsi tout un peuple dans l'idolatrie, il ne croit pas devoir se confier au Seigneur, qui cependant l'ayant mis sur le trône eut bien sçû l'y maintenir : son but n'est que de s'assurer la Couronne à quelque prix que ce soit. Mais, ô prudence humaine, toûjours aveugle! il ne voit pas que ce qu'il croit devoir la luy conserver la luy fera perdre, & attirera des malédictions infinies sur sa personne, sur sa famille, sur ses Estats, & sur sa memoire.

Tel fut l'esprit des Juifs d'aujourd'huy : ils tiennent

conseil entr'eux, & ils deliberent serieusement, non pas si Jesus-Christ est innocent ou coupable, s'il est permis de faire mourir un homme juste sous pretexte que leur bien temporel le demande; si l'on doit condamner quelqu'un sans l'entendre : il n'est pas question chez eux de tout cela; mais uniquement de quels moyens justes ou non ils se serviront pour faire perir le Sauveur : *Tunc congregati sunt Principes Sacerdotum & Seniores populi, & consilium fecerunt ut Jesum dolo tenerent & occiderent*, sans songer qu'avec luy qui ne pouvoit perir, il periroient tous d'une façon la plus funeste qui fût jamais : car voicy comme ils raisonnoient entr'eux au sujet de Jesus-Christ : Que faisons-nous de laisser vivre cet homme? il est vray qu'il fait d'infinis miracles pour prouver qu'il est envoyé de Dieu; il délivre les possedez, il convertit les pecheurs, il guerit les malades, il resuscite les morts de quatre jours : mais si on le reconnoît pour Messie, & pour Roy, les Romains viendront & nous detruiront : il est donc expedient pour éviter ces malheurs temporels de le faire perir, afin que toute la nation ne perisse pas. Ne devoient ils pas dire au contraire : si cet homme est le vray Messie comme tant de prodiges le prouvent visiblement, que craignons-nous? si le Seigneur est pour nous, qui sera contre nous? les merveilles que Dieu a operées pour faire triompher nos Peres de leurs plus redoutables ennemis, ne doivent-elles pas nous assurer de celles qu'il operera pour nous si nous luy sommes fideles? Ce raisonnement si plein de bon sens & de pieté ne les touche point, la passion leur fait prendre le parti contraire, & croyant éviter la perte de leur Patrie, ils s'ensevelissent sous ses ruines,

ruines. Tels sont plusieurs Chrétiens : si je fais ce peché, je me tireray de la misere, j'éviteray ce malheur : je reparerai ma faute : mais helas ! vous ne sçavez pas à quoy vous vous engagez ; vous n'obtiendrez pas le bien temporel que vous desirez, & vous ne recouvrerez pas le bien spirituel que vous perdez. Voila où aboutissent tous ces conseils de la politique humaine, où l'on ne consulte ni la justice, ni la Religion, ni la Loy de Dieu, ni la conscience, ni souvent la raison méme.

L'exemple de Roboam en est une illustre preuve : cet infortuné Prince, né dans la pourpre, nourry dans les delices, élevé avec de jeunes Seigneurs de son âge, tint un conseil aprés la mort de son pere Salomon, au sujet de ses peuples assemblez qui demandoient une diminution de subsides, moyennant quoy ils offroient de luy être toûjours soûmis & fideles : *Imminuè paulu-* 3. Reg. 12.
lum, & serviemus tibi. Roboam les écouta, & leur 4.
ordonna de revenir dans trois jours, au bout desquels il leur feroit sçavoir sa volonté : pendant cet intervale il assembla premierement les anciens Conseillers d'Etat du défunt Roy son pere, Ministres sages, experimentez & sçavans dans l'art de gouverner, qui ayant examiné murement la chose, furent d'avis que Roboam ne devoit pas rejetter cette proposition, qu'il étoit à propos de soulager ses sujets, & que cette condescendence calmeroit les esprits, & les contiendroit dans le devoir. Ensuite le Prince assembla les jeunes Seigneurs avec lesquels il avoit esté nourry, & desira d'avoir leur avis sur cette affaire : leur resolution fut, qu'au lieu de diminuer les precedens imposts, il falloit les augmenter, soit qu'ils voulussent flatter Roboam

dans ses desirs, soit qu'ils pretendissent en tirer pour eux des avantages Le conseil de ces jeunes imprudens fut admis, celuy des vieillards fut rejetté, & le peuple reçut une réponse dure & accablante : *Responditque Rex populo dura derelicto consilio seniorum, quod ei dederant, & locutus est eis secundum consilium juvenum.* Quel abandon ! quel aveuglement ! Roboam sçait que son pere consommé dans l'art de regner, ne faisoit rien que par l'avis de ses Conseillers, âgez & prudens; & luy jeune & neuf dans l'administration d'un Royaume, les méprise ! Il prefere le sentiment des jeunes gens qui flattent son avarice & son ambition, & qui visiblement luy devoit être ruineux, à celuy des sages vieillards qui tendoit à l'affermissement de son Trône, & à la conservation de sa personne ! Pourquoy s'en étonner, le Seigneur s'étoit retiré de luy dans sa
3. Reg. 11. 19. colere en punition du peché de son pere : *Igitur iratus est Dominus Salomoni quod aversa esset mens ejus à Domino.* Ce qui verifie la parole remarquable d'un Pere de l'Eglise, un homme délaissé de la sagesse d'en haut, & livré à son propre sens, est comme un vaisseau au mi-
Theodoret in 4. Reg. 9. 40. lieu des mers sans Pilote & sans gouvernail : *homo enim quem Deus dereliquit est tanquam navis sine gubernatore.* N'eut il pas mieux valu pour Roboam que ces jeunes gens l'eussent persecuté comme Saül persecutoit David, que de lui avoir condescendu dans ses desirs ? Ah combien saint Augustin a t-il eu raison de dire qu'il y a deux sortes d'ennemis également formidables, ceux qui par une main meurtriere nous tuent, & ceux qui par une
In Ps. 69. langue flateuse nous empoisonnent : *duo sunt genera persecutorum, vituperantium, & adulantium : Plus persequitur*

lingua adulatoris quam manus interfectoris. Tel eſt noſtre penchant à ſuivre les mauvais conſeils, & à rejetter les bons.

Un ſemblable dédain des gens éclairez & vertueux a ſi ſouvent rebuté les Saints, qu'ils ſont preſque tombez dans le découragement; que de plaintes dans les Prophetes, de ce qu'on tournoit en ridicule leurs predications, & leurs menaces! Le Prophete Michée prié d'être complaiſant au Roy d'Iſraël luy dit qu'il allaſt à la guerre, & qu'il vaincroit ſes ennemis *aſcende cuncta enim proſpera advenient:* preſſé de declarer, s'il parloit ſerieuſement, il repondit que non, & que l'armée du Prince ſeroit défaite. Le Roy de Syrie griévement malade envoya conſulter Elizée ſçavoir s'il releveroit de cette infirmité, *ſi evadere potero de infirmitate mea?* Le Prophete lui manda que ouy, & cependant, ajoûta-t-il, le Seigneur m'a revelé que non: *vade dic ei ſanaberis, porro oſtendit mihi Dominus quia morte morietur.* Saint Timothée ſelon quelques Auteurs fut repris par ſaint Jean l'Evangeliſte, de ce que ne ſe voyant pas écouté, il avoit ceſſé de prêcher, tentation qui décourage ſouvent ceux qui annoncent la parole du Seigneur à des auditeurs mal diſpoſez à profiter de leurs inſtructions. Que ſert d'enſemenſer une terre ingrate, & de cultiver une vigne ſterile? Les uns ſans avoir égard à mille bonnes choſes que le Predicateur a dites, s'attachent à un mot qu'ils prennent à contre ſens, pour lui en faire un crime: ainſi les Phariſiens accuſerent Jeſus-Chriſt d'avoir avancé qu'il détruiroit, & rébattiroit le Temple en trois jours. D'autres pour mieux mépriſer la doctrine mépriſent le Docteur: Quel eſt celui qui nous

2. Par. 18, 14.

4. Reg. 8. 7.

presche, disoient les Juifs parlant du Sauveur ? N'est-ce pas le Fils d'un Artisan ? D'autres reprochent jusqu'à l'apparence du moindre défaut : C'est un homme disoient-ils, parlant de Jesus-Christ, qui n'est pas de Dieu, il ne garde pas le Sabat, parce qu'il avoit fait de la boüe avec sa salive & de la poussiere pour guerir l'aveugle né. Quel raisonnement ! Ne devoient-ils pas plûtôt conclure que cet homme étoit de Dieu, parce qu'il donnoit des yeux à un aveugle né avec de la bouë, plus propre à aveugler qu'à illuminer, que non pas de conclure qu'il n'étoit pas Dieu, parce qu'il mêloit de sa salive avec de la poussiere le jour du Sabat ? *non est hic homo qni Sabbatum non custodit.* Que de gens condamnent leurs freres voyant en eux des fautes apparentes & legeres, au lieu de les approuver voyant en eux de solides vertus & de bonnes œuvres ! Enfin nous voulons des Docteurs complaisans, tant ce que le Serpent ancien dit à Eve a fait de fortes impressions dans nos cœurs : vous ne mourrez point. *nequaquam moriemini.*

SECONDE CONSIDERATION.

Mais cet aveuglement des Sages du siécle ne paroît jamais davantage que dans la conduite de leurs affaires spirituelles & il ne faut pas s'en étonner : Car en effet

1°. Ils ne consultent presque jamais les difficultez qui regardent la conscience, & le salut, tels sont les Phariliens d'aujourd'huy, ils avoient la sagesse incarnée au milieu d'eux : ils pouvoient l'interroger à toute heure, sur la Religion, sur la venuë du Messie, sur l'établissement du nouveau peuple, sur le mystere de la Redemption, sur le chemin qui conduit au Ciel, sur les vertus & les bonnes œuvres, sur l'état de vie que chacun d'eux menoit, sur les moyens & les obstacles du salut, sur la punition des méchans, & la recompense des bons: En un mot sur un nombre infini de choses de non moindre importance. Cependant ils ne songent qu'à luy faire des questions curieuses, ou captieuses; à qui une femme laquelle a eu sept maris appartiendra aprés la resurrection; s'il y auroit beaucoup de gens sauvez; s'il faloit payer le tribut à Cæsar; lapider une adultere; se laver les mains avant de se mettre à table. Ainsi les hommes terrestres ne sçavent ce que c'est que de consulter serieusement ce qui regarde la conscience; ils ne s'adressent presque jamais à des Docteurs sçavans, pieux, éclairez, pour sçavoir si Dieu demande d'eux qu'ils s'engagent dans le mariage, ou qu'ils renoncent au monde; s'ils doivent suivre le Barreau, ou prendre le parti de la guerre, entreprendre ce procez; demeurer au siecle ou chercher la retraite; à quels devoirs ils sont tenus envers Dieu, l'Eglise, le Prochain, les Pauvres; s'ils se sauveront dans la vie qu'ils menent: sans cesse occupez d'acquisitions, de Charges, de Terres, de Contrats, de nouvelles: ils ne demandent point s'ils peuvent en conscience faire la dépense qu'ils font, en bastimens, en ameublemens, en équipages, en bonne chere, en beaux habits, en divertissemens. Si une femme peut se sauver vivant dans la molesse; le jeu; le luxe; l'oisiveté, les parures vaines; les spectacles; & avec cela recevoir les Sacremens. Ils ne mettent point en question si un Juge peut se sauver sans étudier les Loix; un Religieux sans observer sa Regle.; un Prêtre sans travailler au salut du prochain : sans édifier l'Eglise par son zéle, par son bon exemple, par son désinteressement, par sa sainteté. Toutes ces difficultez ne sont pas seulement consultées : pour les affaires temporelles, & les maladies corporelles, on consulte sans cesse les Avocats & les medecins, & le nom même de consultation, dans l'usage ordinaire ne s'attribuë qu'aux avis de ces gens-là, & souvent le Seigneur n'entre pour rien dans leurs consultations : on se confie plus en leur avis, en leur science, en leur authorité, en leurs promesses, qu'en la protection divine : semblables à ce Roy de Juda, qui se confia plus en l'art & l'habileté des Medecins, qu'en la vertu du Seigneur : *magis confisus est in medicorum arte, quam in Domino.* Mais il fut puni par où il avoit peché : car il avoit condamné le Prophete qui luy disoit la verité de la part de Dieu, à soufrir une maniere de gesne aux pieds trés-cruelle, & il mourut luy-méme d'une douleur de pieds encore bien plus cruelle : *Videntem jussit mitti in nervum... & ægrotavit dolore pedum vehementissimo & mortuus est.* Ainsi nous consultons les Avocats & les Medecins sur nos affaires temporelles, & sur nos maladies corporelles, & nous ne consultons pas le Seigneur sur nos interêts éternels, & sur nos infirmitez spirituelles. Combien le demon est-il plus avisé pour nous perdre, que nous ne sommes prudens pour nous sauver ? tout orgueilleux qu'il est, il tient conseil, & délibere avec les esprits malins ses complices, des pieges qu'il faut tendre aux fideles, & des moyens dont il est à propos de se servir, pour les suplanter

2. Paral. 16. 12.

s'ils peuvent. Mais Jesus-Christ promet que son Eglise durera jusqu'à la fin du monde, & que les portes d'enfer ne prevaudronr jamais contre elle : *portæ inferi non prævalebunt adversus eam.* Expression dont voicy le sens. C'étoit un ancien usage, sur tout parmi les Hebreux, que les assemblées des Juges & des Magistats qui regloient les differens, & qui gouvernoient l'état, se tenoient à la porte des Villes, pour y déliberer & des affaires particulieres, & des publiques, de la paix & de la guerre. La Loy de Moyse y étoit formelle, en voicy les termes : Vous établirez des Juges & des Magistrars à toutes les portes des Villes que le Seigneur vôtre Dieu vous aura données en chacune de vos Tribus, afin qu'ils jugent le Peuple, selon la justice : *Judices & magistros constitues in omnibus portis tuis quos Dominus Deus tuus dederit tibi, per singulos Tribus tuos, ut judicent populum justo judicio.* La femme forte, par ses soins, par sa sage économie, par sa magnificence & son éclatante vertu, rend son époux illustre, lors qu'assis avec les Senateurs aux portes de la Ville, il raisonne sur les affaires d'Etat : *Nobilis in portis vir ejus, quando sederit cum Senatoribus terræ :* & nous voyons en plusieurs endroits de l'Ecriture les Princes & les Rois aux portes des Villes tenir Conseil de guerre, sur les moyens de venir à bout de leurs ennemis. L'exemple seul des deux Rois du peuple de Dieu nous est une preuve autentique de cette verité : *Rex autem Israël & Josaphat Rex Juda sedebant unusquisque in solio suo, vestiti cultu Regio, in area juxta ostium portæ Samariæ.* Le Sauveur donc disant, que les portes de l'enfer ne prevaudront point contre l'Eglise, veut nous donner a en-

Mat. 16. 18.

Deuter. 16. 19.

Pro. 31. 23.

3. Reg. 22. 10.

tendre, que les demons aſſemblez tiendront inutilement entre eux des Conſeils, & prendront en vain des reſolutions pour détruire l'Egliſe, parce qu'ils n'en viendront jamais à bout : En un mot, il aſſure que les complots les plus concertez, & les violences les plus outrées de ces eſprits artificieux & mechans, ne prévaudront jamais contre l'Egliſe, parce que la diviſion qui eſt le principe de la foibleſſe & le caractere de l'enfer, ne l'emportera pas contre l'unité qui eſt le principe de la force, & le caractere de l'Egliſe : les Juifs, les impies, les demons, conſultent des moyens de nous perdre, & de perdre l'Egliſe, & nous ne deliberons jamais des moyens de nous ſauver. Les Juifs voyant la propagation de l'Evangile, tiennent conſeil, & raiſonnent entre eux comment ils feront pour en arrêter le cours : *collegerunt ergo concilium, & dicebant, quid facimus, quia hic homo multa ſigna facit?*

Diocletien & Maximien, deux cruels Empereurs idolatres, conſultent tout un hiver enſemble, de quels horribles ſupplices ils ſe ſerviront pour exterminer le Chriſtianiſme qui s'établiſſoit par tout : *habito inter ſe per totam hyemem conſilio.* Lact. de mort. nu. 11.

Les demons craignant qu'à l'exemple de ſaint Antoine les deſerts ne deviennent peuplez de Solitaires, s'attroupent, & déliberent entre eux des moyens d'arrêter un tel progrez : *Metuens ergo diabolus ne acceſſu temporis eremum quoque habitari faceret, aggregatis ſatellitibus ſuis, videtis, ait, &c.* Sur quoy l'on ne peut ſe diſpenſer de rapporter icy ce que nous liſons dans l'Hiſtoire de ſaint François d'Aſſiſe. Il y eſt écrit que cet homme de Dieu, tenant le premier Chapitre general de

Cap. 8.

de son Ordre, où assisterent cinq mille Religieux, & où il se passa des choses extremement édifiantes : il arriva que ce grand Patriarche ravy en esprit eut la revelation suivante. Il connut par une lumiere d'enhaut, qu'au même temps que ces venerables Religieux conferoient entr'eux sur les moyens de s'avancer dans la perfection, de maintenir le premier esprit de leur Ordre, les Observances regulieres, les austeritez corporelles, le mépris du monde, l'amour de l'humilité, du jeûne, & de l'aumône, plusieurs milliers de demons assemblez sur une montagne voisine, deliberoient entr'eux des moyens de s'opposer à leurs pieux desseins, & de renverser cet institut naissant, dans lequel comme dans une nacelle heureuse, un nombre infini d'Ames se sauvoient sans cesse du naufrage dont le siécle étoit innondé ; & qu'aprés divers advis de ces esprits malins, & que plusieurs d'eux eurent opiné, enfin il y en eut un plus méchant que les autres, qui remontra qu'il n'étoit pas possible de détruire cette congregation pour lors dans une telle ferveur, qu'elle se trouvoit comme inaccessible aux tentations : qu'il faloit donc attendre que ce premier feu se rallentit, & qu'ensuite aprés que ce François & ses principaux Disciples seroient morts, on verroit entrer dans leur ordre de jeunes gens indevots, des Viellards infirmes, des nobles delicats, des doctes arrogans, & semblables sujets illustres selon le siecle, mais qui sous pretexte de soutenir l'honneur des Freres, & d'en augmenter le nombre, étant reçûs dans l'Ordre, en changeroient l'esprit, & qu'alors les demons les attireroient aisément à l'amour du monde, au desir dereglé de ſçavoir, à l'ambition des dignitez, & au relâchement de la Diſcipline monaſtique. Tel fut l'avis d'un de ces Anges apoſtats, nommez par ſaint Gregoire, des Eſprits dangereuſement perſuaſifs : *Angeli apoſtatæ, dicti : malè ſuadentes.*

Lt 3 ir. c. 2. Job,

Voicy un ſecond deffaut dans la conſultation des Phariſiens d'aujourd'huy, qui n'eſt que trop commun parmi les amateurs du monde : ceux-cy à la verité conſultent des Docteurs ſur les affaires de leur conſcience, mais ils tâchent de les amolir, & de les flechir par leurs loüanges, leurs flateries, & leurs careſſes, & en leur marquant tant deſtime & de conſideration, qu'enfin ils les font entrer dans leurs ſentimens les plus relâchez : écoutez les Phariſiens de nôtre Evangile : ils s'adreſſent à Jeſus-Chriſt avec je ne ſçai combien de demonſtrations d'honneur & de confiance, grand & ſaint Docteur, luy diſent-ils, *Magiſter*, perſonne n'ignore que vous ne ſoyez une lampe ardente & lumineuſe en Iſraël, *ſcimus quia verax es*, un amateur de la verité, qui l'a puiſez dans la ſource même, & qui la ſuivez en toutes vos deciſions : vos actions ſont conformes à vos paroles, & vos exemples à vos enſeignemens : Vous dites en particulier la verité, & vous ne la cachez pas en public : car vous ne craignez perſonne, vous n'avez nul reſpect humain : la crainte, ny la flaterie ne peuvent rien ſur vous : *& non accipis perſonam, & non curas quemquam* : vous parlez également, ſoit en preſence, ſoit en l'abſence de qui que ce ſoit, & la Nobleſſe, la beauté, la Majeſté, la fierté, les menaces, les careſſes, ne ſont d'aucun poids pour vous empecher de déclarer librement vos penſécs : *Nec enim vides in faciem hominum.* En un mot vous ne jugez pas des choſes par la ſuperficie, & vous enſeignez les voyes de Dieu ſelon ce qui en eſt, indépendemment de toute autre conſideration : *ſed in veritate viam Dei doces.* Que d'adreſſe & d'artifice pour ſurprendre un homme, pour le faire donner dans le piege, pour l'amolir, & l'obliger de condeſcendre à ce qu'on deſire de lui ! Que de gens commencent par là quand ils vont propoſer un cas de conſcience important, & conſulter un docteur d'ailleurs habile, mais, helas, ſenſible aux loüanges & à l'eſtime des gens de qualité ! on le viſite, on l'invite à ſa table, on le reçoit avec honneur, on l'ecoute avec attention, on ſe met ſous ſa direction, & tout cela pour le gagner, & le faire entrer dans des ſentimens commodes, tant on eſt aveugle. Hypocrites, dit le Sauveur, pourquoy vous ſeduire ainſi vous-mêmes ? *quid me tentatis hypocritæ ?*

Vous retenez le bien d'autrui, vous l'avez acquis par des contrats uſuraires, par des voyes injuſtes & frauduleuſes, vous avez préjudicié au prochain, quel meilleur caſuiſte que vous même ? que ſervent tant de conſultations ? à quoy bon tant de raiſons captieuſes ; que vous ne l'avez pas bien ſçû ; que vous n'eſtes pas preſentement en état de cela ; que vous n'eſtes pas ſeul coupable ; qu'il faudroit déchoir de vôtre état & condition ; incommoder votre famille ; nuire à votre reputation ; qu'avec le tems vous amaſſerez de quoi ſatisfaire à cette obligation ; que vous en chargerez vos heritiers ; que bien des Docteurs croyent que vous devez être en repos là deſſus ; que vous ferez des aumônes & des fondations : dites tout ce que vous voudrez : vous ne détruirez jamais cette maxime, que le peché n'est point remis, si l'on ne rend le bien mal acquis : *Non dimittitur peccatum, nisi restituatur ablatum.* L'exemple de Zachée vous frapera toûjours : Seigneur, disoit-il à Jesus-Christ, voilà que je rends au quadruple le bien que j'ay pû prendre injustement aux autres, *si quem defraudavi reddo quadruplum* : il ne dit pas je rendray, mais je rends : *reddo* : aprés cela il s'asseoira à la table du Seigneur, car jusques-là il s'étoit tenu debout : *stans autem Zachæus dixit.*

Vous étes sans cesse à raisonner sur cette bonne chere, ces beaux habits, ce luxe, ces vanitez, ces spectacles, ce jeu, cette vie sensuelle, molle, impenitente, ces compagnies mondaines, ces lectures prophanes, ces conversations enjoüées ; sur ces omissions de bonnes œuvres, de l'aumône, du jeûne, de la priere, du bon exemple, de la sage éducation de vos enfans ; sur ces creanciers, ces ouvriers, ces marchands, ces domestiques mal payez ; à quoy bon vous étourdir là dessus ? à quoy bon corrompre par vos flateries l'esprit de celuy que vous consultez ? luy ni vous ne prévaudrez jamais contre l'Evangile : l'Histoire du mauvais Riche vestu de pourpre & de soye, faisant bonne chere tous les jours, ne secourant pas les pauvres, & enseveli dans les enfers, ne cessera de vous effrayer

Vous ne pardonnez point sincerement à cet ennemi, vous dites que vous le saluez, que vous ne luy souhaitez point de mal, que vous en dites du bien : qu'au reste si vous en faisiez davantage, il abuseroit de vôtre bonté, que vôtre famille en murmureroit, que vôtre reputation en ſouffriroit : ouy, mais vous ne dites pas à celuy que vous conſultez, qu'il y a toûjours un ſecret levain de haine dans vôtre cœur contre cet ennemi, & que vous ne trouvez pas en vous les marques d'une vraye charité, qui purifie la memoire par l'oubli des offenſes; l'eſprit par des jugemens favorables; le cœur par des mouvemens tendres; la bouche par des paroles officieuſes; les mains par des ſervices obligeans. Vous ne ſentez pas tout celà : conſultez tant que vous voudrez, vôtre conſcience allarmée rapellera toûjours cette Parole de l'Evangile, que Dieu livrera entre les mains des Miniſtres de ſa juſtice, celuy qui ne pardonnera pas de cœur à ſon frere : *Si non remiſeritis unuſquiſque fratri ſuo de cordibus veſtris.* Math. 18. 35.

Vous vivez dans une occaſion prochaine d'offenſer Dieu; la malheureuſe experience que vous avez de vôtre fragilité, doit vous convaincre qu'il faut la quitter, ſi vous ne voulez vous perdre : cependant vous conſultez ce qui ne devroit pas être mis en déliberation; vous expoſez, que de quitter cette perſonne, cette maiſon, cet employ, c'eſt vous ruiner, & vous reduire dans la miſere, que cela pourra cauſer du ſcandale; découvrir ce qui eſt caché; qu'enfin vous éviterez autant què vous pourrez l'occaſion, & que vous vous ferez violence : vous voulez que celuy que vous conſultez vous croye quelques trompeuſes qu'ayent été par le paſſé ces belles reſolutions. Mais quoi ces grands oracles de l'Evangile, quelque fauſſe Doctrine dont vous vous ſeduiſiez, retentiront perpetuellement à vos oreilles : si vôtre œil, vôtre main, vôtre pied vous scandalise, c'est à dire, si ce qui vous est le plus cher, le plus necessaire, le plus agréable en ce monde vous est une occasion d'offenser Dieu, arrachez, retranchez, coupez, il vaut mieux pour vous d'entrer en la vie avec la perte d'un de vos membres, avec le Sacrifice de ce qui vous est le plus prétieux & le plus intime, que non pas d'être jetté avec tout ce que vous aymez dans les flâmes éternelles.

Malheur à ceux qui cherchent des Docteurs commodes, ou qui les amolissent par leurs complaisances, ou qui les corrompent par leurs presens.

Achab, dont on a parlé, fut une triste figure de beaucoup de Chrêtiens de cette sorte, qui feignent de consulter Dieu, & de chercher à connoître sa volonté, lors que dans le fonds, ils ne veulent que suivre la leur ; contraint par les sages avis du Roy de Juda, il envoye un de ses Officiers engager le Prophete de le venir trouver, afin de consulter la volonté du Seignur sur la guerre qu'il projettoit, & sçavoir quel succés il auroit : venez, luy disoit cet Officier, venez trouver le Roy : voilà plus de quatre cents Prophetes qui luy prédisent la victoire, soyez de leur avis, & rendez-vous complaisant aux desirs du Prince. *En verba omnium Prophetarum uno ore bona Regi annuntiant, quæso ergo te ut & sermo tuus ab eis non dissentiat loquarisque prospera.* Quel étrange aveuglement encore une fois ! il veut que le Prophete luy dise, non ce qui doit arriver de cette guerre, afin qu'il l'entreprenne ou ne l'entreprenne pas, & qu'ainsi il marche contre l'ennemi, ou qu'il s'arrête : ce n'est pas ce qu'il veut, il veut que le Prophete luy prédise qu'il gagnera la bataille, & qu'il se conforme en cela à la prédiction des faux Prophetes, qui tous d'une commune voix crioient que le Seigneur rendroit le Roy vainqueur de ses ennemis : mais que sert la multitude des Prédicateurs du mensonge, contre le Predicateur de la Verité, quand même il seroit seul ? Cependant c'est par les loüanges & les flateries qu'on seduit souvent ceux que l'on consulte, & qu'on les fait pancher du côté de la multitude, & de la fausseté, afin de tomber avec eux dans le précipice. On y ajoute même quelquefois les bien faits & les recompenses : ce fut ainsi qu'en usa Balac, Roy des Moabites, auprés de Balaam : car voulant en obtenir pour luy & pour son peuple une benediction qu'il ne meritoit pas, & faire maudire un peuple que le Seigneur avoit beni, il luy manda : ne differez pas à venir vers moy, je suis prest à vous honorer, & à vous donner tout ce que vous voudrez. *Ne cuncteris venire ad me, paratus sum honorare te, & quicquid volueris dabo tibi.* Num. 22. 16.

Mais voicy le comble de l'aveuglement & la preuve certaine que la plûpart des amateurs du monde qui consultent quelle est la volonté de Dieu sur leurs entreprises ne le font pas serieusement, & que dans le fonds ils ne la veulent suivre qu'en tant qu'elle sera conforme à leurs desirs : c'est un exemple celebre rapporté dans le Prophete Jeremie. Aprés que Nabuchodonosor eut détruit la ville de Jerusalem, bruslé le Temple du Seigneur, ravagé la Judée, & qu'il se fut retiré dans ses Etats, quelques-uns des principaux d'entre les Juifs, & particulierement ceux des gens de guerre qui s'étoient échapez de la ruine de leur pays, s'étant assemblez, allerent trouver le Prophete Jeremie, pour l'engager de prier le Seigneur pour eux, & de le consulter sur ce qu'ils avoient à faire : sçavoir s'ils demeureroient dans la Judée, toute desolée qu'elle fût, ou s'ils se refugieroient en Egypte, loin du bruit, des trompettes, & des malheurs de la guerre : *Et accesserunt omnes Principes bellatorum & relinquum vulgus à parvo usque ad magnum : dixeruntque ad Jeremiam Prophetam : cadat oratio nostra in conspectu tuo, & ora pro nobis ad Dominum Deum tuum pro universis reliquiis istis, quia derelicti sumus pauci de pluribus, sicut oculi tui nos intuentur, & annuntiet nobis Dominus Deus tuus viam per quam pergamus, & verbum quod faciamus.* Peut on voir en apparence un desir plus sincere de connoître la volonté de Dieu, & des cœurs mieux disposés pour la suivre quand on l'aura connuë ? Le Prophete ayant entendu cette requeste, leur répondit qu'il alloit se mettre en prieres pour apprendre la volonté de Dieu sur eux, & qu'il leur raporteroit fidelement ce que le Seigneur luy reveleroit : *Dixit autem ad eos Jeremias Propheta : audivi, ecce ego oro ad Dominum Deum vestrum secundùm verba vestra : omne verbum quodcunque responderit mihi, indicabo vobis nec celabo quicquam.* Cependant il paroît que le Prophete avoit une secrete défiance de leur sincerité & de leur disposition à faire ce qu'ils promettoient : car ils ajoûterent cecy : que le Seigneur soit témoin, dirent-ils, de la verité de nos paroles, & de la droiture de nos intentions, si nous ne faisons tout ce que le Seigneur vôtre Dieu vous aura ordonné de nous dire : & si nous n'obéïssons pas ponctuellement

Jerc. 42. 1.

à la voix du Seigneur nôtre Dieu auquel nous vous prions de vous adreſſer, ſoit que vous nous annonciez le bien, ou le mal, ſçachant que nous ne trouverons ny paix, ny bonheur qu'à obeir à la voix de vôtre Dieu, *& illi dixerunt ad Jeremiam : ſit Dominus inter nos teſtis veritatis & fidei, ſi non juxta omne verbum, in quo miſerit te Dominus Deus tuus ad nos, ſic faciemus : ſive bonum eſt ſive malum : voci Domini Dei noſtri ad quem mittimus te, obediemus, ut bene ſit nobis cum audierimus vocem Domini Dei noſtri :* Peut-on voir de plus belles promeſſes, de plus ſaintes diſpoſitions? mais en voicy la concluſion. Le Prophete prend dix jours pour prier le Seigneur, pour le conſulter, & pour s'inſtruire de ſes volontez ; ce terme étoit neceſſaire afin d'appaiſer la colere de Dieu irrité contre ce peuple, de faire voir avec quelle inſtance, quelle perſeverance le Prophete prioit, & qu'il n'agiſſoit ny par précipitation, ny par prévention, ny par inconſideration ; mais apres s'être bien aſſuré, & de ce que Dieu luy diſoit, & de ce qu'il avoit à dire à ceux qui l'avoient chargé de cette importante commiſſion, les dix jours écoulez ce peuple s'aſſemble, & vient trouver le Prophete pour apprendre la volonté de Dieu ſur eux. Le Prophete leur dit que la colere du Seigneur étoit appaiſée, & qu'il leur diſoit de ſa part qu'ils ſe gardaſſent bien de deſcendre en Egypte, parce qu'ils y periroient, & qu'ils euſſent à demeurer en Judée ; que là, le Seigneur les beniroit & les protegeroit ; qu'ils y vivroient en paix ; qu'il répendroit ſur eux ſes miſericordes ; qu'il les établiroit, & multiplieroit : & qu'au contraire s'ils deſobeïſſoient à cet ordre du Ciel qu'ils avoient demandé, recherché & promis de ſuivre ; s'ils ſe retiroient en Egypte malgré la défenſe du Seigneur, qu'ils y ſeroient exterminez par le glaive, & par la famine. Ils écouterent le Prophete ; mais dés qu'il eut achevé de parler, quoique ce fût de la part de Dieu, ils ſe mirent tous à luy dire, que le Seigneur ne l'avoit pas envoyé vers eux ; qu'il parloit de ſa tête ; qu'il ne leur diſoit pas la verité ; que ce qu'il aſſuroit leur annoncer de la part de Dieu étoit faux ; que c'étoit Baruc ſon Secretaire, leur ennemi, qui le faiſoit parler ; en un mot qu'ils ne demeureroient pas en Judée, & qu'ils s'en alloient en Egypte : *Mendacium loqueris, non miſit te Dominus Deus noſter, dicens ne ingredimini Ægypteum.* Ils le dirent, ils le firent, & ils perirent. Aprés cela faut-il s'étonner ſi Dieu manifeſte ſi rarement ſes volontez aux hommes, même qui le conſultent ; & ſi les hommes, deſtituez de la lumiere divine, ſe voyent reduits à ſuivre où le feu de leurs paſſions toûjours impetueuſes, ou les lueurs de leur raiſon toûjours défectueuſe, & à ne ſe laiſſer ainſi conduire ny aux inſpirations ſuggerées par la Sageſſe divine, ny aux conſeils propoſez par la ſageſſe humaine. Dépravation d'eſprit prevuë & prédite par l'Apôtre, écrivant à ſon Diſciple ; qu'il viendra un temps auquel les hommes ne pouvant plus ſupporter la ſaine Doctrine, *erit enim tempus cum ſanam doctrinam non ſuſtinebunt*, ſe choiſiront des Docteurs condeſcendans, dont les diſcours & les enſeignemens, plairont également aux oreilles du corps, & aux deſirs du cœur, *voluptatis gratia loquentes, & auditum oblectantes*, dit ſaint Chryſoſtome ſur cet endroit : *ſed ad ſua deſideria coacervabunt*

2. Tim 4. 5.

ſibi magiſtros prurientes auribus : Docteurs en qui on ne recherchera, ny l'habileté, ny la probité, ny la verité, mais uniquement ce qui s'accommode avec la cupidité. Au reſte ce mot de *coacervabunt*, eſt remarquable, continuë ſaint Chryſoſtome, car il ſignifie une troupe de Docteurs ramaſſez ſans diſtinction ny choix, *nihil dici ſignificantius poteſt : quippe dum ait, coacervabunt, indiſcretam, confuſamque Doctorum ſignificavit multitudinem* ; & il parle au pluriel pour en faire voir la multitude en comparaiſon du peu de Docteurs dont la morale ſoit pure, ſure, & ſage : *etenim multos ejuſmodi invenies magiſtros, paucos verò qui veritatem non adulteratam loquuntur.* Hic.

VOicy un exemple tiré de ſaint Jerôme, qui nous fait voir combien il eſt dangereux de ſuivre ſes propres lumieres, & de rejetter celles des gens ſages & pieux. Lors que j'étois à Maronia, petite ville de Syrie, auprés de l'Eveque Evagrius mon allié, dit ce ſaint, j'ay trouva un bon vieillard, nommé Malc, de qui la vie exemplaire édifioit tous les fideles de ce lieu-là, & comme on en racontoit des avantures ſingulieres, je fus curieux de m'en informer de luy-méme; & voicy ce qu'il m'en apprit. Je ſuis, me dit-il, mon cher fils, natif du territoire de Niſibe, & parce que j'étois enfant unique, mon pere, & ma mere n'obmirent rien pour m'obliger à m'engager dans le mariage : mais moy qui voulois embraſſer la vie Monaſtique, je reſiſtay à leurs ſollicitations qui furent ſi violentes, que je me vis obligé de me derober & de m'enfuïr au deſert de Calcide, où ayant trouvé des Solitaires, je me mis ſous leur conduite gagnant comme eux ma vie par le travail de mes mains, & refrenant par les jeûnes les éguillons de ma chair.

Aprés avoir passé plusieurs années dans la Solitude, il me vint dans l'esprit de retourner en mon pays, afin de consoler la viduité de ma mere ; car j'avois appris que mon pere étoit mort depuis quelque temps: mon dessein étoit de vendre mon petit patrimoine, d'en distribuer une partie aux pauvres, d'en donner l'autre partie à mon Monastere, &, l'oserai-je dire à ma confusion, de garder le reste pour subvenir à mes besoins. Mon Abbé, à qui je proposay mon dessein, se mit à crier que c'étoit là une tentation du diable, *clamare cœpit Abbas meus, diaboli esse tentationem*: que sous une apparence specieuse cet ancien ennemi me tendoit un piege dangereux: *& sub honestæ rei occasione latere antiqui hostis insidias*. Que c'étoit retourner comme le chien à son vomissement: *hoc esse reverti canem ad vomitum suum*. Que plusieurs Moynes avoient ainsi été miserablement trompez; *sic multos Monachorum esse deceptos*: Que le demon toûjours artificieux ne se montroit jamais à decouvert: *nusquam diabolum aperta fronte se prodere*: Que dés le commancement cet esprit rusé avoit suplanté nos premiers Parens en leur faisant à croire par ses discours trompeurs, qu'ils déviendroient des Dieux: *Quod initio Adam quoque & Evam spe divinitatis supplantaverit*; à quoy il ajoûta beaucoup d'autres exemples de l'Ecriture: & comme il vid qu'il ne me dissuadoit pas de mon dessein, il se jetta à mes pieds me disant la larme à l'œil, mon cher enfant, je vous conjure de ne me pas abandonner, & de ne vous perdre pas, *& cum persuadere non posset provolutus genibus obsecrabat, ne se dese-*

rerem, nec me perderem, & de ne pas tourner la tête en arriere aprés avoir mis la main à la charuë : *nec aratrum tenens, poſt tergum reſpicerem.* Mais, malheur à moy, je preferay ma penſée à de ſi ſalutaires avis, m'imaginant que ce bon Vieillard cherchoit plûtôt en cela ſa conſolation, que mon ſalut. Il me ſuivit neanmoins juſqu'à la porte du Monaſtere, avec des lamentations ſemblables à celles qu'on fait quand on conduit un mort au tombeau : *quaſi fumus efferret :* là pour dernier adieu il me dit : mon fils, je vous vois bleſſé d'un trait du demon, je ne veux point écouter de raiſons, je ne veux point recevoir d'excuſe ; mais tout ce que j'ay à vous dire, c'eſt que la brebis qui quitte le bercail ſera bien tôt expoſée aux morſures du loup : *Ovis quæ de ovili egreditur, lupi ſtatim morſibus patet.*

Tout cela ne put me retenir, je pars & pour me fortifier contre les Sarrazins, qui infectent ces païs-là, je me joignis à une compagnie de ſoixante & dix perſonnes ou environ, hommes, femmes, & enfans, qui s'aſſembloient pour traverſer enſemble plus ſurement le deſert qui ſe trouve entre Beroë & Edeſſe, par où il me falloit paſſer pour aller en mon païs. Mais, helas ! à peine fûmes nous entrez dans cette ſolitude, que nous fûmes envelopez par une troupe d'Arabes, les plus effroyables gens du monde ; ils eſtoient montez les uns ſur des chevaux, les autres ſur des chameaux ; leurs longs cheveux treſſez, leurs corps à demi nuds, leurs carquois, leurs arcs, leurs fleches, leurs javelots nous cauſerent une frayeur mortelle : en un moment nous voila pris, partagez, enlevez & enmenez en divers coſtez, & moi avec ma belle pretention de recouvrer mon patrimoine, me repentant trop tard du mauvais conſeil que j'avois ſuivi, je tombay avec la femme d'un de nos voyageurs, ſous la puiſſance d'un même maître, qui nous mit ſur un chameau, elle d'un côté & moi de l'autre fort mal à nôtre aiſe, & au haſard à tout moment de tomber, & de nous rompre le col : pour aliment nous avions de la chair à demi cruë, & pour breuvage du lait de chameau: Enfin aprés avoir paſſé une grande riviere & pénetré dans le déſert le plus reculé, nous arrivâmes dans la maiſon de nôtre nouveau maître : là il falut ſe proſterner devant ſa femme & ſes enfans, s'accoûtumer d'aller preſque tout nud, & prendre ſoin d'un troupeau de brebis : cet emploi avoit du moins cela de doux pour moi, que je voyois plus rarement mes maîtres, & que m'avançant dans la ſolitude, je ſongeois ſouvent au ſaint Patriarche Jacob, & à Moïſe, qui dans de ſemblables lieux avoient autrefois exercé le mêtier de paſteur; je priois ſouvent, je chantois des Pſeaumes que j'avois appris dans le Monaſtere, & je remerciois Dieu de ce qu'il me faiſoit trouver dans ma captivité, la retraite dont je n'aurois pas joüy dans ma patrie où je devois aller.

Mais voici un nouvel orage que le diable me ſuſcita : mon maître voyant ſous mes ſoins croître ſon troupeau, car ſuivant l'avis de l'Apôtre je rempliſſois fidélement mon devoir, voulant me récompenſer, & m'attacher à ſon ſervice, ſe mit dans la tête de me faire epouſer cette femme qu'il avoit priſe avec moy : O Dieu ! quelles furent alors mes angoiſſes ? Quoy, diſois-je, moy! Religieux, Moine, Solitaire, & Vierge juſques-icy, prendre une femme dans ma vieilleſſe ! voylà où m'a conduit l'attachement à mon ſens, & le mépris que j'ay fait du conſeil de mon Superieur : étant ainſi preſque dans le deſeſpoir, je voulus remontrer à cet homme farouche, que cette femme ayant un mari je ne pouvois l'épouſer, mais ce furieux prit auſſi-tôt un coutelas, & m'auroit infailliblement maſſacré, ſi je n'euſſe fait ſemblant d'acquieſcer ſur le champ à ſa volonté : cependant ayant parlé à cette femme, nous convinſmes que nous vivrions en apparence comme mari & femme, & qu'en effet nous vivrions comme frere & ſœur. Nôtre maître ainſi trompé, crut que nous étions inviolablement attachez à ſon ſervice, & n'eut plus aucun ſoupçon que nous duſſions jamais luy échaper. Or aprés un temps conſiderable, étant ſeul un jour dans le Deſert avec mon troupeau, je rapellay dans ma memoire plus fortement que de coûtume la douce vie que j'avois menée dans le Monaſtere, & ſur tout je me remettois ſans ceſſe le viſage venerable de mon Abbé, mon cher Pere ſpirituel, qui m'avoit ſi bien inſtruit, ſi ſaintement élevé, & ſi malheureuſement perdu : là deſſus l'ennuy de mon eſclavage, & le deſir de retourner dans le Monaſtere s'emparerent de mon eſprit. Revenu quelque temps aprés dans la caverne qui nous tenoit lieu de chambre, cette femme s'informant de la cauſe de mon abbatement, & la luy ayant appriſe, aprés bien des diſcours, nous reſolûmes tous deux de nous enfuir. Pour cet effet je tuay deux boucs de mon troupeau, j'accommoday leurs chairs pour nous ſervir de nourriture par les chemins, & leur peaux pour nous aider à paſſer la riviere qui se trouvoit sur nôtre route. Nous partons donc un soir, & nous nous dérobons secrettement: nous rrouvons le fleuve, nous le traversons sur ces outres enflez, & aprés avoir bû pour long-temps, nous nous enfuyons avec vitesse, regardans sans cesse derriere nous si on ne nous suivoit point, marchant encore plus la nuit que le jour, tant à cause de la chaleur excessive de ces climats, qu'à cause des Sarrazins qui courent ces deserts. Icy mon cher fils, continua ce bon vieillard, je fremis, & je tremble encore d'esprit & de corps quand je pense à ce que je vais dire. Le troisiéme jour de nôtre fuite, nous appercevons de loin venir en diligence aprés nous deux hommes montez sur des chameaux, aussi-tôt la frayeur nous saisit, nous ne doutâmes point que ce ne fût nôtre redoutable maître, helas! la clarté de nos yeux s'obscurcit aussi-tôt, nous ne vîmes goute en plein jour, & nous nous crûmes déja morts: une caverne se presentant par hazard heureusemenr sur nôtre route, nous nous y refugiâmes; & au lieu de nous avancer dans sa concavité, crainte de quelques serpens ou animaux dangereux, nous nous cachâmes tous tremblans dans un enfoncement à côté de l'entrée de cette caverne, & nous disions tout hors de nous, si le Seigneur veut prendre pitié de nous à cause de sa misericorde, nous échaperons de ce péril: s'il veut nôtre mort à cause de nos pechez, nous avons un sepulchre: *Si juvat Dominus miseros, habemus salutem: si despicit peccatores, habemus sepulchrum.* Mais helas! quel fût nôtre effroi, quand nous entendîmes nôtre cruel maître avec un de ses satellites à l'entrée de cette caverne; le seul souvenir me glace encore le sang dans les

les veines, & la voix me manque, quand je me le répreſente le glaive à la main, attendant nôtre ſortie pour nous tuer : mais, quoy, nous n'avions garde de ſortir, devenus immobiles par la peur. Peu aprés le ſerviteur d'un ſi terrible maître, mit pied à terre & avança l'épée à la main dans cette caverne obſcure ; ne voyant rien, comme c'eſt l'ordinaire lors que d'un lieu éclairé on entre dans un lieu tenebreux, & criant d'une voix affreuſe, ſortez miſerables, ſortez ſçelerats, vôtre maître vous attend pour vous traitter comme vous le meritez. Mais voicy la choſe du monde la plus ſurprenante : Une Lionne ſort du plus creux de cet antre, ſe jette ſur cet homme, l'étrangle, l'etoufe en un moment, & l'entraîne dans la concavité la plus reculée de cet antre, qui luy ſervoit de retraite. O bon Jeſus, ô mon Sauveur, qu'elle fut nôtre frayeur à ce nouveau ſpectacle ! helas, Dieu ſeul le ſçait : Le maître cependant voyant que ſon ſerviteur tardoit trop, deſcend de deſſus ſon chameau, & l'epée à la main, plein de fureur & de rage, il entre dans nôtre caverne, en criant avec menace ; mais à peine y eut-il mis le pïed, que la lionne revenuë le terraſſe, l'étrangle & l'entraîne : nous voyons de nos yeux toutes ces ſanglantes cataſtrophes, plus morts que vifs, attendant à tout moment que la lionne nous aperçût, & nous en fît autant, n'ayant au monde pour tout mur de défenſe que le témoignage d'une conſcience chaſte, & pudique : *pudicitiæ tantum conſcientia pro muro ſepti* : mais la lionne croyant être découverte, prit dans ſa gueulle, & enleva un à un ſes petits lionceaux, & s'en alla ſans nous découvrir. Nous n'oſames neanmoins pas encore remuër, craignant de voir toûjours sur nous cette cruelle bête: enfin aprés un temps notable, revenus un peu de nôtre peur, nous sortîmes de cette caverne, à l'entrée de laquelle ayant trouvé les deux chameaux, nommez dromadaires à cause de leur vitesse, que nôtre maître & son serviteur avoient amenez, avec leur viatique, nous nous en servîmes pour traverser le reste de ces vastes deserts, & nous arrivâmes heureusement le dixiéme jour au camp des Romains, où nous contâmes nôtre avanture au Tribun, qui nous envoya au Gouverneur de la Mesopotamie; là nous vendîmes nos chameaux, & ayant mis cette femme dans une Communauté de filles, je me rendis enfin dans mon Monastere si desiré, où ayant appris que mon cher & venerable Abbé s'étoit endormi au Seigneur, je me rejoignis à mes anciens Solitaires, non sans une joye infinie. Voilà, continuë nôtre Saint, parlant de luy-même, voilà ce que Jerôme alors jeune apprit de Malchus pour lors vieux: voilà ce qu'à present le vieillard Jerôme apprend aux jeunes gens. C'est une Histoire que sa chasteté doit rendre recommendable aux personnes chastes, afin que nous apprenions tous jeunes & vieux, que l'homme chaste peut perdre sa liberté sans perdre la chasteté; que parmi les deserts les plus affreux; que malgré les frayeurs de la mort les plus terribles; & la cruauté des hommes les plus barbares, & les bêtes les plus feroces, la chasteté se conserve libre, en un mot qu'on peut tuer, mais non pas vaincre le chaste serviteur de Jesus-Christ. C'est par ces paroles que saint Jerôme finit son Histoire, & nous fait voir où expose un mauvais dessein suivi, & un bon conseil rejetté.

FIN.

www.ingramcontent.com/pod-product-compliance
Ingram Content Group UK Ltd.
Pitfield, Milton Keynes, MK11 3LW, UK
UKHW022139170726
13837UKWH00004B/1660

9 782329 613864